Inhaltsverzeichnis

Lösungen in Form von ausgefüllten Arbeitsblättern können Sie kostenlos unter folgendem Link herunterladen: www.persen.de/Loesungen-21045.html

Übersicht über verwendete Piktogramme

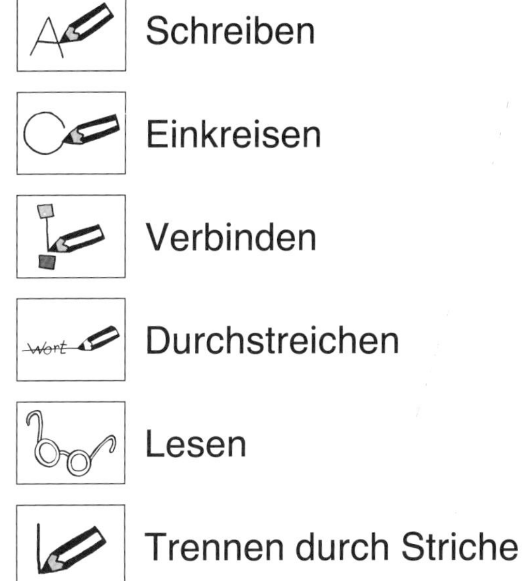

Allgemeine Hinweise

Die vorliegenden Kopiervorlagen sind Teil der Reihe „Sonderpädagogische Förderung in der Regelschule“. Mit dieser Reihe möchten wir Sie als Grundschullehrkraft bei der Förderung von Schülerinnen und Schülern mit sonderpädagogischem Förderbedarf im inklusiven Unterricht unterstützen. Die Materialien wurden speziell für den Einsatz in individuellen Übungsphasen entwickelt (z. B. im Rahmen der Wochenplanarbeit) und lassen sich ohne viel Vorbereitungsaufwand differenzierend einsetzen.

Der Aufbau der einzelnen Arbeitsblätter ist dabei besonders übersichtlich und klar. Durch sich wiederholende Aufgabenformate sowie durch den Einsatz unterstützender Piktogramme wird selbstständiges Üben auch für Schülerinnen und Schüler mit sonderpädagogischem Förderbedarf leicht möglich.

Im Rahmen der Reihe „Sonderpädagogische Förderung in der Regelschule“ werden Übungsmaterialien zu den grundlegenden Themen der Fächer Deutsch und Mathematik sowie für den Bereich Lernvoraussetzungen im Anfangsunterricht veröffentlicht.

Hinweise zum Material „Rechtschreibung trainieren: Mitsprechwörter“

Bei der Förderung rechtschreibschwacher Kinder sollte zunächst der tatsächlich erreichte Leistungsstand im Rechtschreiben festgestellt werden. Daraus kann abgeleitet werden, auf welcher Übungsstufe die Förderung beginnen sollte.

Wichtig ist außerdem die Auswahl der Wörter, anhand derer Rechtschreibkenntnisse vermittelt werden. Daher entstammen die in diesem Band zu trainierenden Rechtschreibwörter dem Grundwortschatz. Es muss jedoch nicht jedes Wort durch Übung angeeignet werden. Durch die Methode des Mitsprechens beim Schreiben ist es möglich, ungeübte lautgetreue Wörter richtig zu schreiben. Das wiederholte Üben ist dabei von besonderer Bedeutung.

Um Schülerinnen und Schüler für das Rechtschreibtraining zu motivieren, brauchen sie Erfolge. Deshalb sind die Materialien klar strukturiert, die Übungsformen wiederholen sich und jedes Arbeitsblatt enthält nur wenige Aufgaben mit den zu übenden Rechtschreibwörtern.

Folgende Übungsformen wiederholen sich:

- Wiedererkennen von vorgegebenen Wortbildern
- Einprägen von Wortbildern
- Wiedererkennen und Kennzeichnen markanter Elemente in Wörtern
- Rechtschreibwörter sinnerfassend lesen
- Wörter im Sinnzusammenhang benutzen
- Wörter Bildern zuordnen
- Wörter in Buchstabenkästchen (Schriftspurmuster) eintragen
- Wortgrenzen erkennen
- Zusammengehörige Silben erkennen
- Nomen und Verben unterscheiden (Groß- und Kleinschreibung der Rechtschreibwörter)
- Rechtschreibstrategien trainieren

Name: ____________________

Wörter mit St

Kreise alle St ein.

Schachtel Stachel Staubsauger

Stein Schaf Stempel Steckdose

Stiefel Schaufel Stern Schal

Stecker Schaufel Stecknadel Schere

Stier Schiene Stock Schiff Storch

Straße Strauß Stuhl Strauch

Schreibe alle Wörter mit St mit Begleiter auf.

der Stachel, ____________________

Name: ______________________

Wörter mit St

Kreise diese Wörter ein:

~~Stock~~ Stecker Stempel Stein Strauch
Storch Stiefel Steckdose Sterne

T	O	S	T	O	R	C	H	P	H
Q	S	T	E	C	K	D	O	S	E
F	S	T	E	R	N	E	H	E	R
L	S	T	R	A	U	C	H	S	E
G	B	Ä	S	T	E	C	K	E	R
A	O	Z	Ä	U	S	T	O	C	K
H	B	T	S	T	E	I	N	H	J
S	T	E	M	P	E	L	U	G	K
H	S	T	I	E	F	E	L	C	H

Trenne die Namenwörter durch einen Strich.

Schreibe die Wörter mit Begleiter auf.

STACHELSTEINSTEMPELSTIEFELSTERNSTECKDOSESTECKER

der Stachel, ______________________

____

____

____

Name: ______________________________

Wörter mit St

Löse die Rätsel.
Diese Wörter helfen dir dabei:

Strauch ~~Stacheln~~ Staubsauger Sterne
Stuhl Strauß Stock Stiefel Straße

Was hat der Igel? Stacheln	Was tragen die Kinder im Winter? ______	Was leuchtet nachts am Himmel? ______
Wo fahren Autos? ______	Wie heißt der größte Vogel? ______	Was ist aus Holz und hat vier Beine? ______
Was braucht Opa zum Gehen? ______	Womit kann man Schmutz wegsaugen? ______	Woran wachsen Stachelbeeren? ______

Name:

Wörter mit St

Löse die Geheimschrift.
Trage die Wörter in die jeweils passenden Kästchen ein.

Stempel	
Stachel	
Stern	
Stuhl	S t e m p e l
Strauß	

Stock	
Stiefel	
Straße	
Stein	
Storch	

Ulrike Rehschuh-Blasse: Rechtschreibung trainieren: Mitsprechwörter

Name: ______________________________

Wörter mit St oder Sch

St oder Sch?
Schreibe die Wörter mit Begleiter in die richtige Spalte.

~~Schachtel~~ Stachel Staubsauger

Stein Schaf Stempel Steckdose

Stiefel Schaufel Stern Schal

Stecker Schaufel Stecknadel Schere

Schiene Schiff Schirm

St	Sch
	die Schachtel

Name:

Wörter mit St oder Sch

St oder Sch?
Setze die richtigen Buchstaben ein.

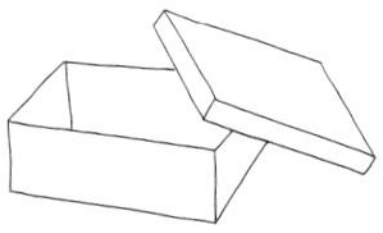

Sch

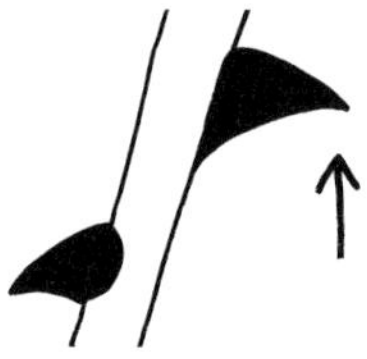

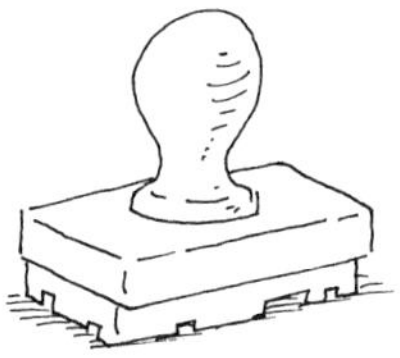

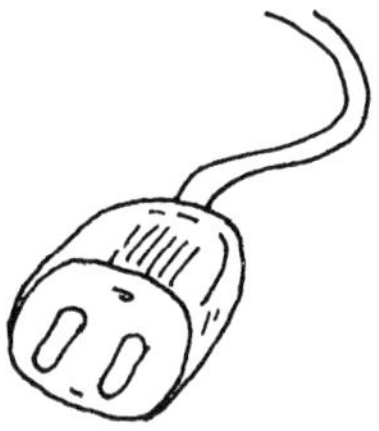

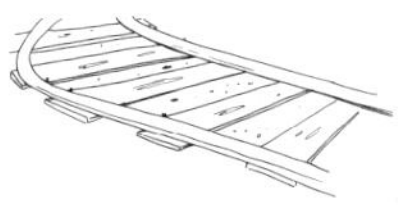

Ulrike Rehschuh-Blasse: Rechtschreibung trainieren: Mitsprechwörter

Name: ______________________________

Wörter mit St oder Sch

St oder Sch?
Kreise ein.

Schreibe die Wörter mit Begleiter auf.

Sch (St)	____ufen	die Stufen
Sch St	____achel	____________
Sch St	____empel	____________
Sch St	____aukel	____________
Sch St	____orch	____________
Sch St	____ern	____________
Sch St	____irm	____________
Sch St	____uh	____________
Sch St	____af	____________

Name:

Wörter mit Sp

Kreise alle Sp ein.

Schaufel Schaf Spiegel Spinne

Spitze Spur Schachtel Speck

Spaten Spritze Schere Spiegelei

Schaukel Sparschwein Spargel

Schiene Schal Schiff Spülmittel

Spirale Schule Schale

Schreibe alle Wörter mit Sp mit Begleiter auf.

der Spiegel,

Name:

Wörter mit Sp

Kreise diese Wörter ein:

~~Spirale~~ Spülmittel Spargel Sparschwein
Spiegelei Spritze Speck Spur Spitze

S	P	A	R	S	C	H	W	E	I	N
T	B	S	P	U	R	P	M	H	Q	Q
G	H	V	V	P	S	P	I	T	Z	E
Z	X	F	S	P	A	R	G	E	L	S
Z	G	N	C	Z	R	S	P	E	C	K
S	P	Ü	L	M	I	T	T	E	L	A
B	H	S	P	I	R	A	L	E	J	H
Y	Z	S	P	I	E	G	E	L	E	I
S	P	R	I	T	Z	E	K	H	E	E

Trenne die Namenwörter durch einen Strich.

Schreibe die Wörter mit Begleiter auf.

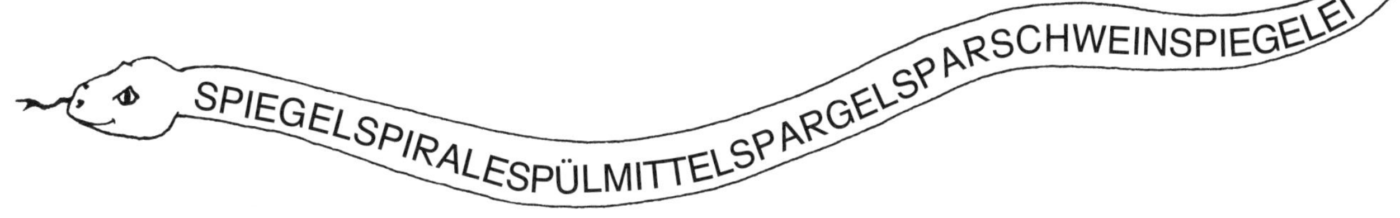

der Spiegel,

Name:

Wörter mit Sp

Löse die Rätsel.
Diese Wörter helfen dir dabei:

~~Spritze~~ Spülmittel Spuren Spinne Spitze
Spiegel Spaten Spiegeleier Sparschwein

Was bekommt man bei einer Impfung? Spritze	Worin kann man sich sehen? ________	Welches Tier spinnt ein Netz? ________
Was kann man im Schnee sehen? ________	Was braucht man zum Umgraben? ________	Was benutzt man beim Abwaschen? ________
Wie nennt man gebratene Eier? ________	Was kann bei einem Stift abbrechen? ________	Worin kann man Geld sparen? ________

Name:

Wörter mit Sp

Löse die Geheimschrift.
Trage die Wörter in die jeweils passenden Kästchen ein.

Spiegel	
Spritze	
Spargel	Spiegel
Sport	
Spaten	

Spur	
Spinne	
Speck	
Spirale	
Spitze	

Name:

Wörter mit Sp oder Sch

Sp oder Sch?
Schreibe die Wörter mit Begleiter in die richtige Spalte.

~~Spachtel~~ Schere Spiegel
Spargel Schaf Spitze
Schlange Spaten Schienen
Schaufel Spritze Schal
Schachtel Schaufel Spirale
Schere Spuren Sport

Sp	Sch
der Spachtel	

Name:

Wörter mit Sp oder Sch

Sp oder Sch?
Setze die richtigen Buchstaben ein.

Sch

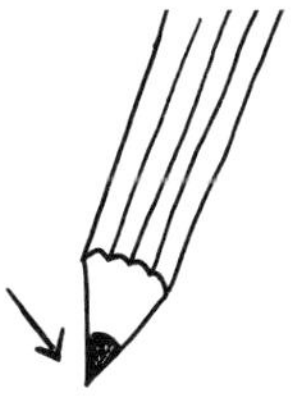

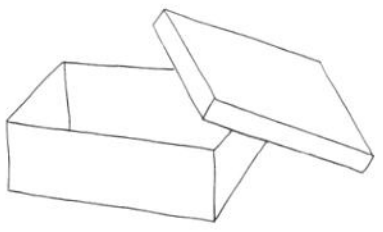

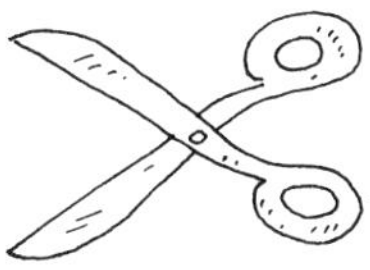

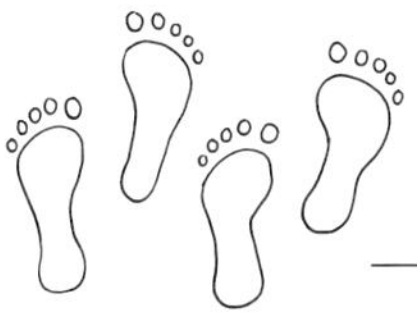

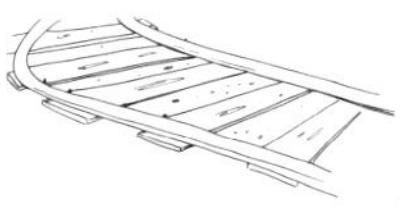

Name: ______________________________

Wörter mit Sp oder Sch

Sp oder Sch?
Kreise ein.

Schreibe die Wörter mit Begleiter auf.

Sch / (Sp)	____aten	der Spaten
Sch / Sp	____echt	______________
Sch / Sp	____al	______________
Sch / Sp	____aufel	______________
Sch / Sp	____itzer	______________
Sch / Sp	____ild	______________
Sch / Sp	____ere	______________
Sch / Sp	____uren	______________
Sch / Sp	____üler	______________

Name:

Wörter mit Pf/pf

Kreise alle Pf und pf ein.

Pfeife Pflaume Pfau pfeifen Pfote
pflücken Pfanne pflanzen Kampf
Tropfen pflegen Strumpf hüpfen Pfeil
schimpfen Pfirsich Zapfen Napf Kopf
schlüpfen Knopf Apfel Pferd Pforte
Pflaster Opfer stopfen Schnupfen Topf
Pfeffer klopfen Zopf impfen Dampf

Schreibe alle Namenwörter mit Begleiter auf.

die Pfeife,

Name:

Wörter mit Pf/pf

In jeder Zeile gibt es falsche Wörter.
Streiche die falschen Wörter durch.

Pfanne	Pfanne ~~Fanne~~ ~~Panne~~ Pfanne
pfeifen	peifen pfeifen feifen pfeifen
Pflaster	Plaster Pflaster Flaster Pflaster
hüpfen	hüpen hüpfen hüpfen hüfen
Pfeife	Peife Pfeife Feife Pfeife Peife
pflegen	plegen pflegen pflegen pflegen
Tropfen	Tropen Trofen Tropfen Tropfen
Apfel	Apel Apfel Apfel Afel Apfel
Pferd	Pferd Pferd Pferd Perd Ferd
Knopf	Knop Knopf Knopf Knopf Knof
pflücken	flücken pflücken plücken
klopfen	klopen klopfen klopfen klofen
Kampf	Kamp Kampf Kampf Kamf
Pflaume	Pflaume Pflaume Flaume
Topf	Tof Top Tof Topf Topf Tof

Name:

Wörter mit Pf/pf

Lies die Sätze.

Streiche die falschen Wörter durch.

Spiegeleier brät man in einer	Pfanne.
	Schüssel.
Der Hund öffnet die Tür mit der	Hand.
	Pfote.
Im Sommer essen wir gerne Kirschen und	Kerne.
	Pfirsiche.
An der alten Jacke fehlt ein	Knopf.
	Hose.
Im Zoo sehen wir auf dem Weg einen	Fisch.
	Pfau.
Der Schiedsrichter pfeift das Spiel an mit einer	Trompete.
	Pfeife.
Wir basteln im Herbst Figuren aus	Zapfen.
	Glas.
Die Katze bekommt ihr Futter in einem	Eimer.
	Napf.
Beim Sturz mit dem Fahrrad verletzt sich Tim am	Kopf.
	Strumpf.

Name:

Wörter mit Pf/pf

 **Kreise den/die fehlenden Buchstaben ein.**

 **Setze den/die fehlenden Buchstaben ein.**

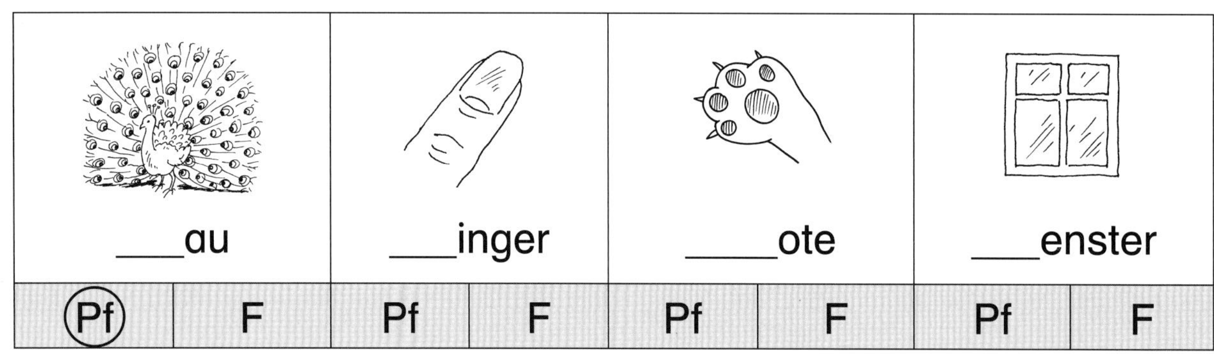

___au		___inger		___ote		___enster	
(Pf)	F	Pf	F	Pf	F	Pf	F

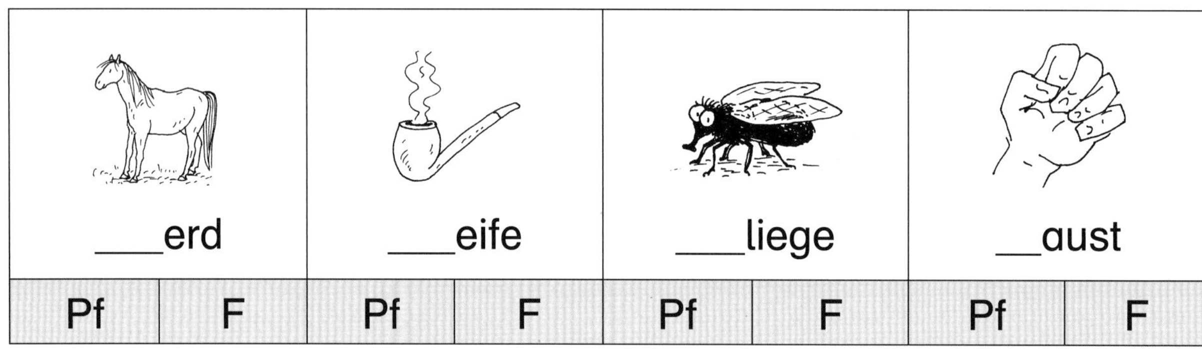

___erd		___eife		___liege		___aust	
Pf	F	Pf	F	Pf	F	Pf	F

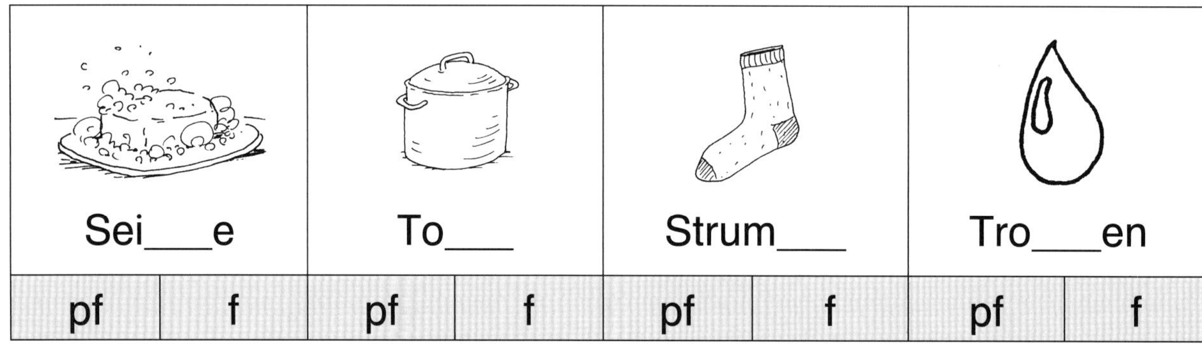

Sei___e		To___		Strum___		Tro___en	
pf	f	pf	f	pf	f	pf	f

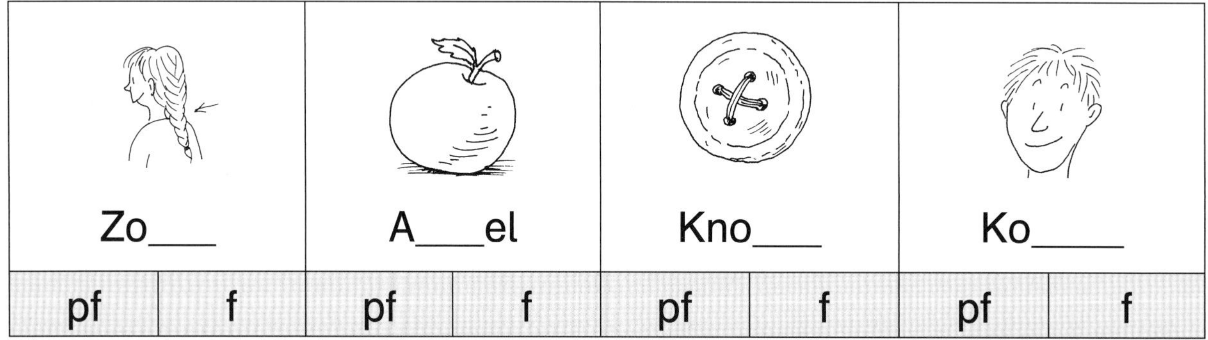

Zo___		A___el		Kno___		Ko___	
pf	f	pf	f	pf	f	pf	f

Name:

Wörter mit Pf/pf

Kreise diese Wörter ein:

~~Pfote~~ Pfau Pfeife Kampf Schnupfen
Pfirsich Tropfen Strumpf Zapfen

B	T	R	O	P	F	E	N	R	H
Q	Q	S	T	R	U	M	P	F	H
M	Z	A	P	F	E	N	P	Z	X
F	S	T	R	P	F	O	T	E	R
L	Ä	P	F	I	R	S	I	C	H
G	S	C	H	N	U	P	F	E	N
A	O	Z	P	F	A	U	C	C	U
H	K	A	M	P	F	M	E	H	J
H	Y	Z	P	F	E	I	F	E	K

Trenne die Namenwörter durch einen Strich.

Schreibe die Wörter mit Begleiter auf.

PFEILPFLAUMEPFLASTERPFERDPFOTEPFANNEPFEIFETROPFEN

der Pfeil,

Name:

Wörter mit Pf/pf

Löse die Geheimschrift.
Trage die Wörter in die jeweils passenden Kästchen ein.

Tropfen	
Schnupfen	Tropfen
Apfel	
Kampf	
Strumpf	

Pfeffer	
Pflaume	
Pfeife	
Pfirsich	
Pflaster	

Name:

Wörter mit Pf/pf

Schreibe die passenden Wörter mit Begleiter hinter die Bilder.

Napf Knopf Pflaster Pferd Pfau
Pfeil Pfirsich Pfanne Pfeife
Kopf Pfote Zopf ~~Apfel~~ Topf

	der Apfel		

Name:

Wörter mit Pf/pf

Namenwort oder Tuwort?
Schreibe die Wörter in die richtige Spalte.
(Schreibe bei den Namenwörtern auch den Begleiter mit auf.)

~~Pflaume~~ Apfel schimpfen ~~klopfen~~ Topf
pflegen hüpfen Schnupfen stopfen pfeifen
Zopf Strumpf pflücken Pferd schlüpfen
impfen Dampf Kopf Pfirsich tropfen

Namenwörter	Tuwörter
die Pflaume	klopfen

Name:

Wörter mit Pf/pf

Löse die Geheimschrift.
Trage die Wörter in die jeweils passenden Kästchen ein.

pflanzen	
pfeifen	p f l a n z e n
pflegen	
pflücken	
klopfen	

---

stopfen	
hüpfen	
schlüpfen	
impfen	
schimpfen	

Name:

Wörter mit Pf/pf

Schreibe die passenden Tuwort-Formen auf.

pfeifen			
ich	pfeife	du	pfeifst
er		wir	

pflegen			
ich		du	
er		wir	

pflücken			
ich		du	
er		wir	

hüpfen			
ich		du	
er		wir	

schimpfen			
ich		du	
er		wir	

klopfen			
ich		du	
er		wir	

Name:

Wörter mit tz

Kreise alle tz ein.

Tatze Hitze setzen Pfütze Platz
Katze Mütze sitzen kratzen spitzen
Witze schmutzig Netze Blitze
Fratze petzen glitzern flitzen jetzt
putzen Satz Schatz Sitze
schützen benutzen Spitze Spritze
trotzdem Schutz Glatze Spatz

Schreibe alle Namenwörter mit tz mit Begleiter auf.

die Tatze,

Name: ______________________________

Wörter mit tz

In jeder Zeile gibt es falsche Wörter.
Streiche die falschen Wörter durch.

Tatze	Tatze	~~Taze~~	~~Tate~~	~~Tatze~~
Hitze	Hite	Hize	Hitze	Hitze
Pfütze	Pfüze	Pfüze	Pfütze	Pfüte
Katze	Katze	Katze	Kate	Kaze
Mütze	Müze	Müte	Mütze	Müze
Witze	Witze	Witze	Wize	Wite
Blitze	Blite	Blize	Blite	Blitze
Platz	Plat	Plaz	Platz	Platz
Fratze	Fraze	Fratze	Fraze	Frate
Schatz	Schatz	Schaz	Schat	Schatz
Glatze	Gatze	Glatze	Gaze	Gate
Spatz	Spatz	Spatz	Spat	Spaz
Spritze	Spitze	Spritze	Spritze	Sprite
schützen	schutzen	schützen	schüzen	
putzen	puzen	puten	putzen	putzen

Name:

Wörter mit tz

Lies die Sätze.

Streiche die falschen Wörter durch.

Mäuse fängt die	~~Fliege~~.
	Katze.

Der Clown im Zirkus macht	Hüte.
	Witze.

Im Winter tragen die Kinder	Mützen.
	Koffer.

Bei Gewitter sieht man am Himmel	Blitze.
	Laternen.

Die Piraten suchen einen	Schlüssel.
	Schatz.

Auf dem Baum sitzt ein kleiner	Spatz.
	Maulwurf.

Bei einer Impfung bekommt man eine	Tablette.
	Spritze.

Die Sterne am Himmel	glitzern.
	schwitzen.

Wenn die Nase läuft, muss man sie	waschen.
	putzen.

Wenn man im Matsch spielt, werden die Schuhe	schmutzig.
	sauber.

Name:

Wörter mit tz

Kreise den/die fehlenden Buchstaben ein.

Setze den/die fehlenden Buchstaben ein.

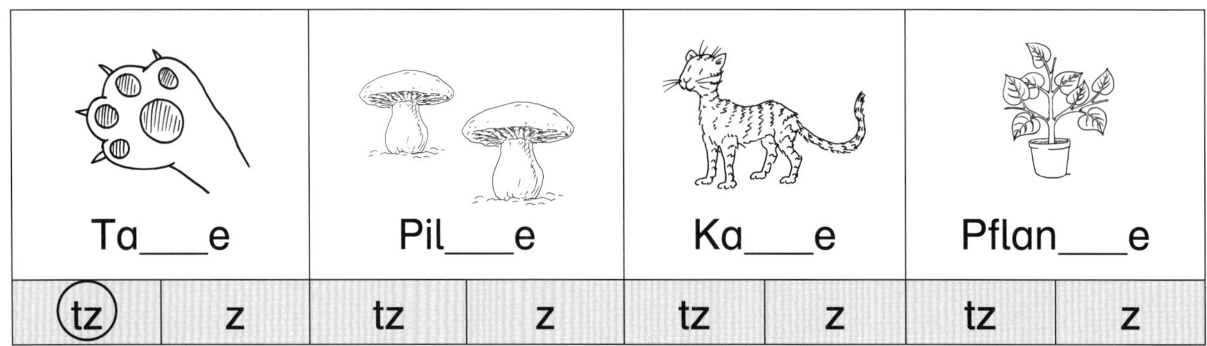

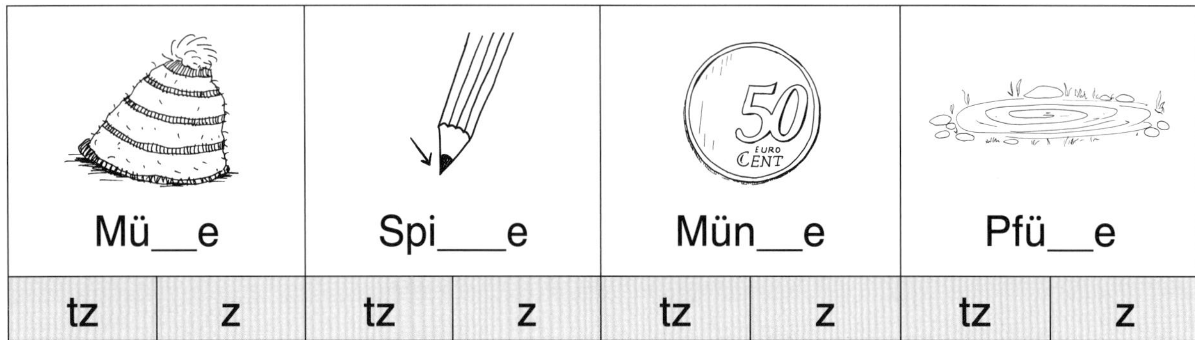

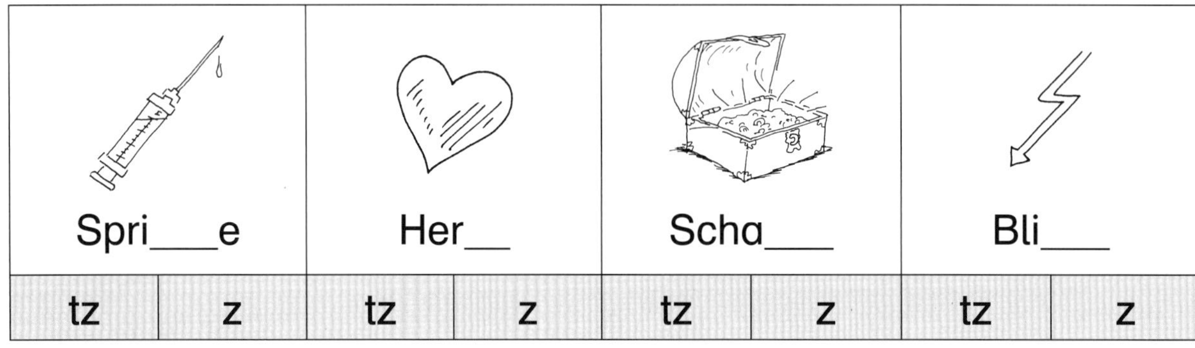

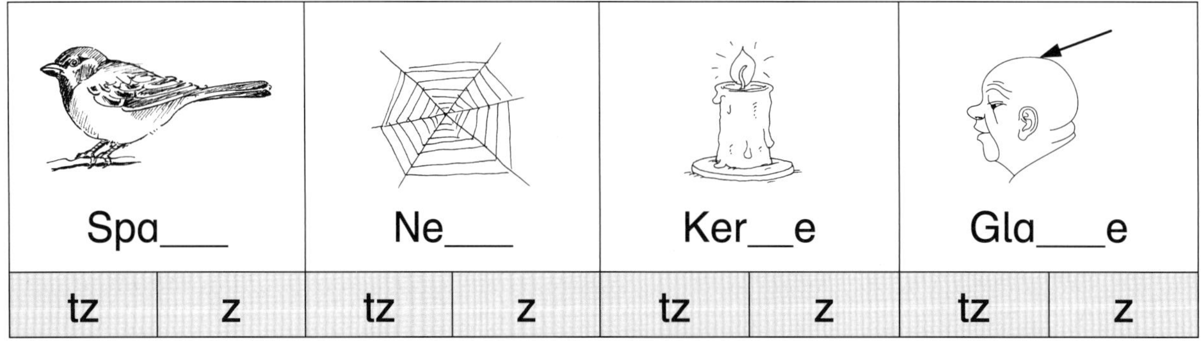

Name:

Wörter mit tz

Kreise diese Wörter ein:

~~Schatz~~ Spritze Tatze Glatze
Mütze Katze Witze Blitze Pfütze

B	W	I	T	Z	E	E	N	R	H
Q	Q	B	L	I	T	Z	E	F	H
M	Z	P	F	Ü	T	Z	E	Z	X
F	S	C	H	A	T	Z	T	E	R
L	Ä	P	M	Ü	T	Z	E	C	H
G	S	C	K	A	T	Z	E	E	N
A	O	Z	G	L	A	T	Z	E	U
H	T	A	T	Z	E	M	E	H	J
H	Y	Z	S	P	R	I	T	Z	E

Trenne die Namenwörter durch einen Strich.

Schreibe die Wörter mit Begleiter auf.

TATZEHITZEPFÜTZEKATZEMÜTZEWITZENETZBLITZPLATZFRATZESCHATZ

die Tatze, ____________________

____

____

____

Name:

Wörter mit tz

Löse die Geheimschrift.
Trage die Wörter in die jeweils passenden Kästchen ein.

Hitze	Hitze
Platz	
Witze	
Katze	
Mütze	

- -

Glatze	
Fratze	
Spritze	
Blitz	
Netz	

Ulrike Rehschuh-Blasse: Rechtschreibung trainieren: Mitsprechwörter

Name:

Wörter mit tz

Kann man diese Wörter trennen?
Schreibe die Wörter mit Begleiter in die richtige Tabelle.
Trenne, wo es geht, nach Silben.

Glatze Spatz Spritze Sitz Satz
Fratze Platz Blitz Netz Tatze
Hitze Pfütze Witz Mütze spritzen
sitzen Schutz Schatz putzen Schmutz

Wörter, die man trennen kann	
die Glatze → die Glat-ze	

Wörter, die man nicht trennen kann	
der Spatz	

Name:

Wörter mit tz

z oder tz?
Schreibe die Wörter mit Begleiter in die richtige Spalte.
Trenne nach Silben.

~~Pflanze~~ Schwänze Kränze

Blitze Schürze Schmerzen Kerze

Katze Pilze Hitze Pelze Prinzen

Spitze Schätze Mütze

Sätze kratzen Witze

z	tz
die Pflan-ze	

Name:

Wörter mit tz

z oder tz?
Setze die fehlenden Buchstaben ein.

Schreibe die Wörter in der Mehrzahl auf.
Trennen nach Silben.

	Einzahl	Mehrzahl
	der Bli tz	die Blit-ze
	der Schwan z	die Schwän-ze
	der Kran ____	
	das Kreu ____	
	der Spa ____	
	der Tan ____	
	das Her ____	
	die Spri ____ e	
	der Scha ____	
	der Pil ____	
	die Ka ____ e	

Name:

Wörter mit Konsonantenhäufung

In jeder Zeile gibt es falsche Wörter.
Streiche die falschen Wörter durch.

Kerze	Kerze Keze Kreze Kerze
Pilz	Pilz Pizl Pilz Piz Pilz
Kranz	Kraz Kran Kranz Kranz
Salz	Salz Salz Sal Sazl Saz
Holz	Hol Hoz Holz Hozl Holz
Herz	Herz Hezr Her Herz Hez
Münze	Münz Müne Münze Münze
Schwanz	Schwan Schwaz Schwanz
Pflanze	Pflanze Pflaze Pflane Pflanze
Arzt	Arz Artz Arzt Arzt Art
Wolke	Wolke Wolke Woke Wokle
Bank	Ban Bak Bakn Bank Bank
Schrank	Schank Schran Schrank Schran
Zirkus	Zikus Zirkus Zikus Zirkus

Name:

Wörter mit Konsonantenhäufung

Lies die Sätze.

Streiche das falsche Wort durch.

In der Laterne brennt eine	Kirche. Kerze.
Im Herbst sammeln wir im Wald	Pilze. Münzen.
Auf das Brötchen lege ich eine Scheibe	Marmelade. Wurst.
Am Himmel sehe ich eine	Wolke. Walze.
Auf der Fensterbank steht eine	Torte. Pflanze.
Eine Schaukel steht im	Turm. Garten.
Zum Geburtstag gibt es eine	Torte. Birne.
Die Hose hängt im	Schrank. Zirkus.
Zum Malen braucht man einen	Pinsel. Arzt.
Aus dem Urlaub schreibt man eine	Briefmarke. Karte.

Name:

Wörter mit Konsonantenhäufungen

Löse die Geheimschrift.
Trage die Wörter in die jeweils passenden Kästchen ein.

Pilz

Kranz

Salz

Wolke

Arzt

P i l z

Walze

Vulkan

Münze

Klinke

Getränk

Name:

Wörter mit Konsonantenhäufungen

Schreibe die passenden Wörter mit Begleiter hinter die Bilder.

Kerze Pilz ~~Kranz~~ Salz Tänzer Holz
Herz Münze Schwanz Pflanze Arzt Walze

	der Kranz 

Name:

Wörter mit Konsonantenhäufungen

Schreibe die passenden Wörter mit Begleiter hinter die Bilder.

Wolke Bank Marke Schrank Balkon Kurve

Zirkus Klinke Vulkan Geschenk ~~Gurke~~ Anker

	die Gurke

Name:

Wörter mit Konsonantenhäufungen

Kann man diese Wörter trennen?
Schreibe die Wörter mit Begleiter in die richtige Tabelle.
Trenne, wo es geht, nach Silben.

~~Kerze~~	~~Pilz~~	Münze	Pflanze	Wurst
Kranz	Wolke	Bank	Gurke	Holz
Salz	Zirkus	Schrank	Herz	Garten
Pinsel	Schwanz	Mantel	Turm	Farbe

Wörter, die man trennen kann	
die Kerze → die Ker-ze	

Wörter, die man nicht trennen kann	
der Pilz	

Name:

Wörter mit Konsonantenhäufungen

Verbinde die passenden Silben.

Schreibe die Wörter mit Begleiter auf.

Kin sel Pin der	die Kinder	der Pinsel
Ben che Kir zin		
Bir ne Tor te		
Gar beit Ar ten		
Man ze Ker tel		
Gur ke En de		
Wol fe Hil ke		
Far te En be		
Lam ter Toch pe		

Name:

Wörter mit Konsonantenhäufungen

Löse die Geheimschrift.
Trage die Wörter in die jeweils passenden Kästchen ein.

Pilz	
Kranz	Pilz
Dorf	
Holz	
Herz	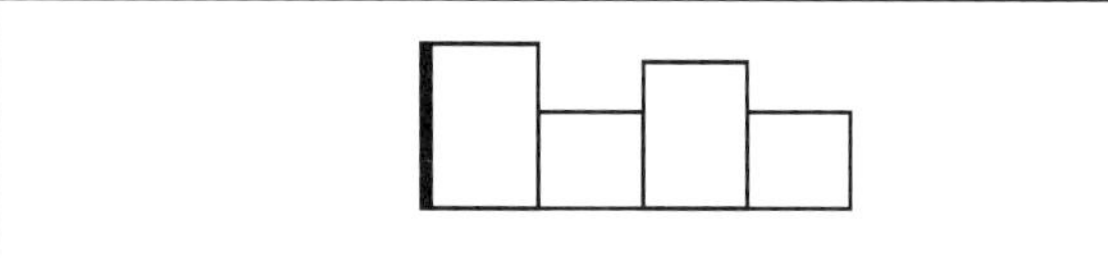

Schwanz	
Arzt	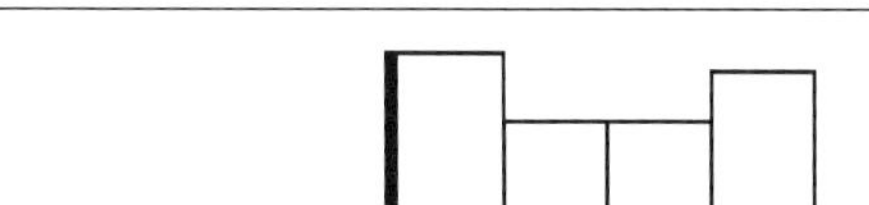
Bank	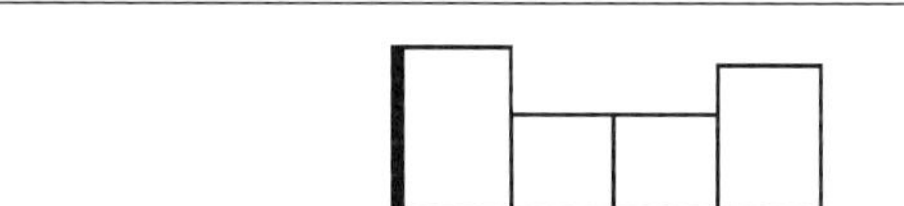
Heft	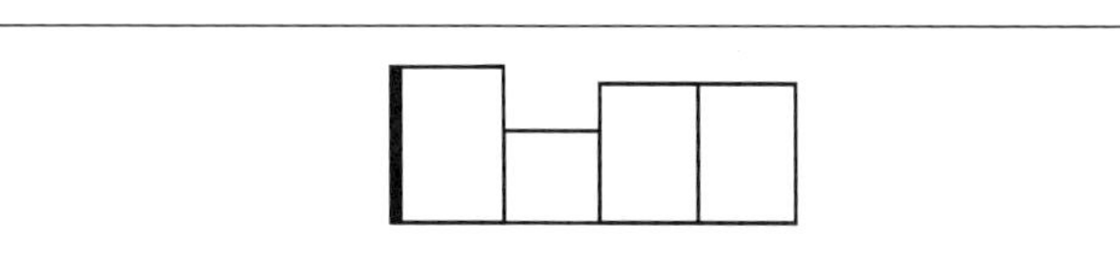
Milch	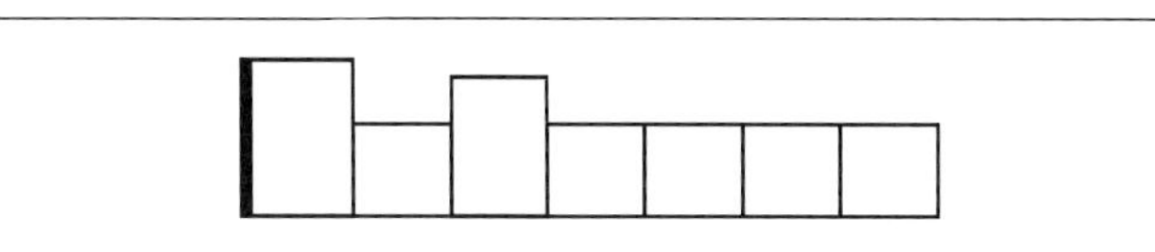

Name:

Wörter mit Konsonantenhäufungen

Setze die fehlenden Buchstaben ein.

En t e	Pi __ sel	To __ te	Schi __ m

Ke __ ze	Tu __ m	La __ pe	Wol __ e
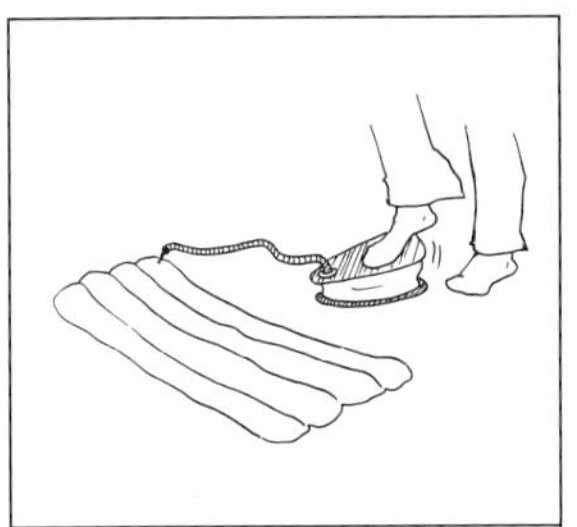			
Pu __ pe	Tu __ pe	He __ t	Wu __ st
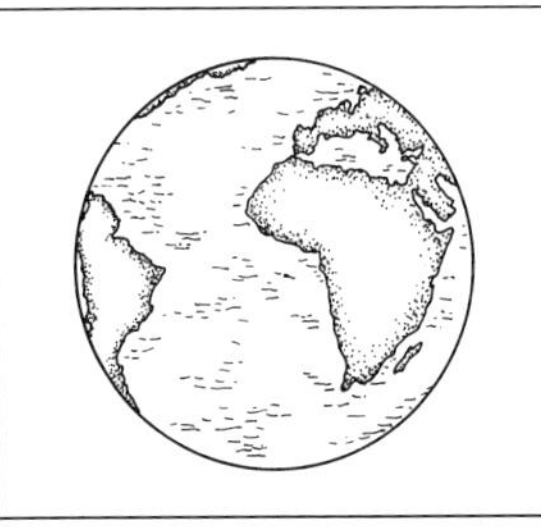			
E __ de	Ki __ sche	Bi __ ne	Fa __ be

Name:

Wörter mit Konsonantenhäufungen

Bringe die Buchstaben in die richtige Reihenfolge.
Schreibe die Wörter mit Begleiter auf.

	e k l o W	die Wolke
	e n r i B	
	n e t r a G	
	s u k r i Z	
	e t r o T	
	l e s n I	
	l e s n i P	
	e z r e K	
	l e p m A	

Name:

Wörter mit Konsonantenhäufungen

Bringe die Buchstaben in die richtige Reihenfolge.
Schreibe die Wörter mit Begleiter auf.

	s n a G	die Gans
	m r u T	
	t r a B	
	m l e H	
	z l i P	
	f r o D	
	m r A	
	t f e H	
	m r i h c S	